EQWELチャイルドアカデミー
卒業生30万人の結論

「赤育本」

EQWELチャイルドアカデミー
日本赤ちゃん発育学研究所

工学博士
浦谷裕樹

プレジデント社

プロローグ／〝ヒト〟はどこまで伸びるのか？

赤ちゃんの誕生……。

わが子の姿を見ながら、この子がこれからの時代をどのように生きていくのか、思いをはせたのではないでしょうか。

赤ちゃんが生きていくこれからの１００年は、ＡＩ問題や地球温暖化に少子高齢化など、数多くの問題が立ちふさがり先行きが見えない時代です。今までの１００年とは大幅に異なり、保護者の皆さまが生きてきた時代とは違って、まったく新しい時代になるといわれています。そんな中でも、自分の子どもが幸せに、そして、たくましく活躍できるように、必要な能力の土台をしっかりと身につけさせてあげたいものです。

「日本赤ちゃん発育学研究所（以下、「赤育研」）」は、そんなママたちのために設立した研究所で、「〝ヒト〟※はどこまで伸び

プロローグ

るのか?」をテーマに掲げ、子どもたちの可能性を最大限に引き出す方法を研究しています。

「赤育研」が連携している幼児教室・EQWEL《イクウェル》チャイルドアカデミーでは、これまで30万人近くの卒業生を輩出しました。卒業生には、オリンピック選手や芸術家、アナウンサー、医者、エンジニア、研究者、学生起業家など、数多くの一流人がいます。0歳の赤ちゃんも、この20年間だけで3万2千人以上がレッスンを受けてきました。その中には、発育・発達のよい子もたくさん出てきています。

そんな発育・発達のよい子に育てるためには、

1. 赤ちゃんの発達を知る
2. 赤ちゃんの発育と学びが最大限に促進されるような環境を整える
3. タイミングよく効果的にサポートする

という三つが、大きなポイントとなります。なかでも、それらの「基本を知ること」が、大切な第一歩となります。

※「ヒト」は生物としての人間(人)を指す表記です。学名はホモ・サピエンスとなります。

そして、子どもたちの可能性を最大限に引き出し、社会で活躍できる能力を育むためには、本書で紹介している内容を学び、赤ちゃんの成長にとってよい環境を意識的に整え、適切な時期に効果的なサポート（働きかけ）をする必要があります。

また話題のＥＱ力（非認知能力・人間力）は、まず本人が自信を持つことで育まれていきますので、親としての適切な接し方が肝心です。子どもの発育の差は、実は赤ちゃん期につき始め、本人の人生全体に影響を与えることになるのです。

ＥＱＷＥＬチャイルドアカデミーでは、0歳から実践しておきたい数多くの取り組みを提供しています。本書では、その中でも、「赤育研」よりすぐりの赤ちゃん発育メソッドを紹介していきます。これらの発育メソッドは、ご家庭でも簡単に実践できて、一つ一つの取り組みは3分とかかりません。

本書の構成としては、第一章は「体を育てる」、第二章は「心を育む」、第三章は「頭を鍛える」という3章立てになっています。体と心、それに頭（脳）をバランスよく育てると、〝ヒト〟

としての基礎がしっかりと築かれるため、将来的に、伸びしろが大きく育ちます。また、赤ちゃん期は特に、体を通じてすべての学びが広がります。体の能力をしっかりと育みながら、心が育つ適切な接し方と、頭を鍛える取り組みとを一緒に楽しく行うことで、健康でたくましく、心も才能も知恵も豊かで、将来が楽しみな頼もしい子どもへと育っていきます。これらの方法を知り、適切に実践することが、子どもの輝ける未来を手に入れる第一歩となるのです。

本書の取り組みを実践し、子どものための未来への扉を、一緒に開いていきましょう。

なお、本書では、もし赤ちゃんが言葉を話せるとしたら、このような思いや気持ちを持っているのではないかという仮定のもとに、「赤ちゃんの言葉」を記しています。ぜひ、赤ちゃんの思いや気持ちに共感しながら読み進めていただければと思います。

Contents

目次

Contents

第二章 心を育む

第三章 頭を鍛える

Contents

ABCDE…
ABCDE…

第一章

体を育てる

ロボットと人間の
いちばんの違いは、「身体性」です。
赤ちゃんは、その素晴らしい
身体性を通じて急成長し、
1歳になるころには
二足歩行が可能になります。
すべての活動の基盤となり、
学習能力にも直結します。

「体を育てる」とは？

ぷかぷか浮いていたおなかの中から、突然、重力のある世界に出てきた赤ちゃん。最初は、ねんねしかできなくても、1年の間には、首がすわる→寝返り→お座り→ハイハイ→つかまり立ちができるようになり、ついには歩き出します。この美しいまでのプログラムにのっとって、赤ちゃんは体の使い方を学び、「身体性※①」を獲得し、人間として急成長します。

赤ちゃん期の脳と体の発達には一定の方向性があり、脳の場合は下から上へと発達します。はじめに下の脳による「原始反射」が現れますが、上の脳の発達にともない統合されていきます。逆に、体の発達は上から下へとなり、「首すわり→腕・肩の動き拡大→腰の安定→足」と進みます。

これらの発達を促すためには、全身を使う「粗大運動」と、手先を使う「微細運動」（第三章参照）があります。第一章で紹介する「粗大運動」では、五感のうちの「触覚」と、「前庭覚」※②「固有覚」※③を効果的に刺激することで発達を促します。

赤ちゃん期にこの3つの感覚をしっかりと育むことで、視覚・聴覚・手先の器用さや、学習能力の発達の基礎が築かれます。赤ちゃんには「発達欲求」があるので、自ら学び発達・成長していきますが、環境や接し方によっては、順調な発育を阻害してしまうこともあるので、適切な時期に適切なサポートをすることが大切なのです。

運動能力を高め、感覚をしっかりと育てると、その後の学びがスムーズかつ豊かなものになっていきます。

この第一章では、赤ちゃんの発育を促し、諸能力の基礎を築く、さまざまな運動をマスターしていきましょう。

※①「身体性」とは「身体所有感（この体は自分のものという感覚）」と「運動主体感（体を動かしているのは自分という感覚）」を合わせた概念です。

※②「前庭覚」とは、地球の重力に対する自分の体の位置や動き、動きの速さ・加速・揺れ・停止など、体のバランスや動きを知る感覚。

※③「固有覚」とは、筋肉の伸縮や関節をどれくらい曲げたり伸ばしたりしているかなど、体のさまざまな部分の位置や動きを知る感覚。

原始反射の統合

（1〜5か月）

あれ〜。
ほっぺたを突っつかれると、
そっちを向くし、
手のひらを触られると
勝手にギュッと握っちゃう。
不思議だねー

脳の発達とともに、原始反射は消失します

赤ちゃんは、生まれながらに備わる自発運動と、刺激に対しておこる反射運動で無意識に動きます。「反射運動」の中で初期に出現するのが「原始反射」です。原始反射は、言葉や記憶、論理的な思考・分析など、知能をつかさどる大脳新皮質の順調な発達とともに、通常は生後2〜12か月で統合（消失）されます。従って、子どもの知能を高めるためにも原始反射の統合を確認することが大切となります。

本書で紹介することを実践して、脳の発達を確認していきましょう。

モロー反射

1～5か月

「うわわ……、後ろにストーン、思わず腕が開いちゃう」

1. ママはひざ立ちになり、両手で赤ちゃんの首から後頭部を支え、一度20cmほど頭を上にあげます。その後、頭を急に下げます。

2. はじめに両手を広げ、その後、ゆっくりと何かにしがみつくような動作をしますか？　これが、「モロー反射」です。

チェック

これによって、モロー反射の統合の進み具合を知ることができます。あなたの赤ちゃんはいかがですか？

ポイント&注意点

頭が床に当たらないように、下にクッションなどを敷いて行います。首がすわっていない間は、必ず、首と後頭部を支えて行うようにしましょう。

手の把握反射

1～5か月

うわー、手のひらを
触られると
指をギューッと
握っちゃうんだ

1. 手の甲をなで、いったん手を開かせてから、ママの人さし指を、赤ちゃんの小指側から差し込みます。

2. 赤ちゃんがどのくらいの強さで握ってくるかを憶えておきます。何度か繰り返してみましょう。

チェック

把握反射を誘発することで、自分の意思で握ったり、開いたりがスムーズに行えるようになるのを促進します。

ポイント&注意点

両手とも行ってください。握っている手の親指が、外側に出るようにしましょう。月日とともに緊張がだんだんゆるくなります。赤ちゃんが、自分の意思で指を開くようになるのは、通常、4～5か月だといわれています。

足の把握反射

1〜5か月

赤ちゃんの足の指の付け根を、ママの指先でつついてみると、ギュッと全部の指を閉じますか？　両足とも行います。月日とともに統合されていくのを確認しましょう。

※これは9〜10か月ころに統合されます。

バビンスキー反射

1〜5か月

足の裏の外縁を、かかとからつま先へと刺激。足の親指は甲側に反り、ほかの四指は外側に開きます。両足とも行います。支えている手の力に注意してください。

※これは2歳までに統合されます。

非対称性緊張性頸反射(ATNR)

1〜5か月

あお向け状態で、赤ちゃんの頭の向いている側の腕と足がまっすぐ伸び、反対側の腕と足は内側に曲がりますか？　ATNRが統合されると、寝返りができるようになります。

うつぶせ運動

（0〜5か月）

ちょっとキツイけど、はじめて見る景色！
首を上げてあっちも見たいな〜！

首すわりを促進して、体幹の発達を促します

うつぶせにするだけですが、実は、赤ちゃんの首や背中の筋肉を発達させて、首すわりを促進する運動です。また、体幹の順調な発達も促していきます。脊髄と延髄に刺激を与え、神経系をバランスよく発達させるために欠かせない運動です。

第1子の場合、特に0か月からうつぶせにすることには抵抗を感じるかもしれません。しかし、その後の発達には大切な取り組みですので、慣れないうちは次ページにありますように、ママの胸の上に乗せる方法で行いましょう。

「うつぶせ運動」をさせてみようⅠ

0〜2か月

1. 抱っこしたまま、あお向けに寝ころがりましょう。

2. その状態で名前を呼んだり、話しかけたりしてあげましょう。

※初めてうつぶせにするときは、赤ちゃんが不安になる場合もありますので、「今からママの上でうつぶせになるよ〜」と言葉かけをしてから始めるようにしてください。

ポイント&注意点

赤ちゃんをうつぶせにしている間は、目を離さないようにします。また、赤ちゃんが顔を横に向けられなかったり、苦しそうにしていたりしたら、いったん抱き上げるようにしましょう。

「うつぶせ運動」をさせてみようⅡ

3～5か月

1. 赤ちゃんを床の上でうつぶせにして、頭がどれだけ上がるかを観察します。

2. ミドルライン(※)で頭を上げているかを確認します。

※ミドルラインとは、「正中線」といって、身体の中心軸のことです。人間の身体は、ミドルラインを中心に、最初は左右別々に発達していきますが、2～3か月で左右の機能連関が始まります。

ポイント&注意点

うつぶせ運動を1日1～2回続けていると、3か月ごろには腕も使って90度垂直に頭を持ち上げられるようになります。頭を持ち上げられる時間も、だんだんと長くなり、4か月では30秒くらいになります。こうして頭や首、背中、両腕の筋肉が強化され、首すわりの促進とともに、後のハイハイの準備にもなるのです。

☑ チェック

0〜1か月の間は、うつぶせにしたときに、両手両足がバラバラに動いたり、おしりがモゾモゾと上がったりする「もがき運動」をするかどうかを確認します。

また、うつぶせ姿勢で、肘（ひじ）が肩の位置と比べて、どこにあるかを見ます。首が安定してくると、肘が前に出るようになります。

1

0〜1か月⇒肘が肩より後方

頭が上がりにくい（クッションを胸の下に入れましょう）。

2

2〜3か月⇒肘が肩と同じ

両腕の前腕部を使って頭を少し上げるようになる。

3

3〜4か月⇒肘が肩より前

両腕の前腕部を使って上半身を支えようとする。

4

5か月⇒肘が肩よりさらに前

両腕を伸ばした状態で、上半身を押し上げようとする。

バランス運動

（0〜5か月）

「うわっ、
何この大きな丸いの!?
えっ！ 乗るの!?
あー、落ちそうーー！
気を付けてよー」

視覚とバランス機能の発達を促します

赤ちゃんをひざの上やバランスボールの上に乗せて、体を傾けるバランス運動です。前庭感覚を刺激して、平衡感覚を養い、空間での体や目の動かし方を学びます。

また、赤ちゃんの首から背中にかけての筋肉を強化し、視覚とバランス機能（感覚）の連携した発達を促すことができます。

「バランス運動」をさせてみよう！

3〜5か月

首がすわってきたら、ひざかバランスボールの上に座らせ、ゆっくり左右・前後に揺らします。

0〜2か月

赤ちゃんをしっかりと抱っこした状態で、左右にゆっくり揺らしましょう。

チェック

5か月以降のバランス運動では、首の立ち直り反応が出ているかをチェックします。このころになると、倒れそうになった場合、頭部を起こして体の重心をコントロールしようとします。

ポイント&注意点

強く不安がる場合はボールを動かさず、あやすだけにしましょう。最初は不安で泣くかもしれませんが、徐々に慣れて揺れを喜ぶようになります。ボールをどうしても嫌がる場合は、抱っこしたままゆらゆら揺れたり、回転したりします。

寝返り運動

（3〜5か月）

わおっ！
体がゴロッと
ひっくり返った!!
よこに進めたよ。
楽しぃー!!

目的物に近づくための重要な動きとなります

名前そのままの寝返り運動。音が出るおもちゃなどを使って興味を引きましょう。それでも手が出ない場合は、少し手を貸してあげて、赤ちゃんの寝返りを促します。

首すわりから、お座り、ハイハイができるようになる前に獲得する重要な動きなので、赤ちゃんの興味を引いて、お遊び感覚で楽しく取り組みましょう。

「寝返り運動」をさせてみよう！

3～5か月

1. 「今から寝返りしてみようね」と声をかけ、おもちゃなどを使ってどちらかに顔を向けさせましょう。
2. その後、横向きになるように手を添えてゴロンと寝返りをさせます。赤ちゃんの足を持って腰からひねるだけでも、回転できます。

チェック

寝返り運動をする前に、あお向けに寝かせた状態で、おもちゃを持たせます。そのおもちゃを口のあたりに持っていき、もう片方の手も続いて持ってくるかを確認します。このように左右の手をミドルラインに持っていくことで、左右の機能を関連させて動かせるようになります。左右両方でできるかを確認し、それができたら寝返り運動を始めましょう。

ポイント&注意点

首がすわっていない・ミドルライン（正中線）を越えて反対側の手で物を取ることができない・腰のひねりがない、などの場合は無理に寝返りの練習をさせる必要はありません。

引き起こし運動

（2～5か月）

ううーーっ。
体を引き起こすんだね。
よいしょと。
体の動きに合わせて
首を上げるぞ～。
ふわーっ、やっと上がった

自分の体を自分でコントロールする第一歩

赤ちゃんをあお向けから、お座り姿勢に持っていく、引き起こし運動。首・腕・背中・腰の筋肉を鍛え、脊髄や延髄へ刺激を与えるとともに、自分の体を自分でコントロールする第一歩になります。

赤ちゃんの首がすわってくると、自ら体を起こそうとして、体幹がしっかり発達します。

「引き起こし運動」をしてみよう！

3～5か月

2～3か月と同様に取り組みます。できる限り赤ちゃん自身の力で持ち上がるように補助しましょう。

2～3か月

ママの親指を赤ちゃんの小指側から差し込み、手首の関節を持って「今から引き起こすよ」と声をかけてから起こします。

チェック

赤ちゃんの腰が安定していないので、体がレの字のようになって足が上がる場合があります。引き上げたときに、赤ちゃんの足がママのひざの上ではなく、床についているかチェックします。

ポイント＆注意点

赤ちゃんの首がまだぐらぐらしている場合は、無理に取り組む必要はありません。目が合っていなかったり、激しく泣いていたりする場合も避けましょう。

ぶら下がり運動

（4か月〜）

「うわーっ！
宙に浮いてるよ！
面白いなー！
でもママ、
ちゃんと握っててね」

両手の握力・両腕の筋肉を鍛えます

両手で全身の体重を支える、ぶら下がり運動。両手の握力・両腕・両肩の筋肉を強化し、今後ハイハイへの移行に必要な腕の筋力を鍛えます。

　空間での体の動かし方やバランス感覚を養い、体の動きに合わせた筋肉の使い方を学ぶためにも重要な取り組みです。

「ぶら下がり運動」をさせてみよう！

4か月～

1. お座り状態の赤ちゃんに、ママの両手の親指を握らせ立たせます。
2. 赤ちゃんのつま先が床から少し上がる程度に、ゆっくりと空中に上げます。
3. 赤ちゃんと目を合わせ、3～5秒ぶら下がったら、ゆっくり下ろします。

チェック

4～5か月の赤ちゃんは、まだ腰が安定しないため、立ったときはゆらゆらしたり両足の幅を広くとったりしているころです。床から数cmでもいいので、握力だけで自分の体重を支えることができるかチェックします。

ポイント&注意点

最初のうちは、継続時間よりも、頻度を多くすることが大切です。慣れてきたら継続時間を延ばしていきます。また、赤ちゃんとママの目が合っていなかったり、激しく抵抗したりする場合は、落ち着いてから行うようにしましょう。

Column

運動と学力～練習の効果～

　文部科学省が公表している「幼児期運動指針（2012年）」によると、幼児期における運動は、

1. 体力・運動能力の向上
2. 健康的な体の育成
3. 意欲的な心の育成
4. 社会適応力の発達
5. 認知的能力の発達

をもたらし、「豊かな人生を送るための基盤づくりとなる」とされています。

　運動を行うときは脳の多くの領域を使用することから、近年、知的能力にもよい効果をもたらすことが示されています。さらに、世界中の小学生以上の調査では、運動を多く行った子や、運動能力の高い子は学力が高くなったという報告があり、国内でも「運動ができる子どもは勉強もできる」傾向があることがわかっています。

運動能力アップには練習が必要

　運動能力の基礎は、赤ちゃん期にしっかりと運動の練習を手伝ってあげることで効果的に伸ばすことができます。

　諸外国では、本書で紹介している取り組みを、意識して習慣化することで、首すわりやお座

りなどの発達が早くなったという例があります。

実は、このような働きかけによって、子どもの運動能力が早く身につくということは、実験でも証明されています。そこでは、赤ちゃんに定期的に運動の練習をさせることで、運動能力が早く身につくという結果が出ました。

つまり、練習やトレーニングを重ねた赤ちゃんは、運動能力の発達が早くなるのです。

この時期に、しっかりとした運動能力の基礎を過不足なくつくっておくと、その後、スポーツを始めようとしたときにも、容易に習得できるようになります。また、転倒やけがをするリスクが減り、運動が得意な子に育っていきます。

将来、子どもが運動も勉強もできるようになるためにも、赤ちゃん期からたくさん運動をさせてあげましょう。

飛行機ブーン

（4〜6か月）

うわー！
空を飛んでるみたいだ！
楽しいなー！
大きくなったら、
世界中を飛び回るぞー！

背筋、胸筋、腹筋などを鍛えます

うつぶせ状態のまま、赤ちゃんの頭と手足を持ち上げるのが「飛行機ブーン」の姿勢。背筋・胸筋・腹筋などを鍛え、バランス感覚を高めるための遊びです。この遊びが十分にできると、ハイハイやつかまり立ち、立った状態でのバランスのとり方がスムーズになります。

また、赤ちゃんが自ら飛行機の姿勢をとれるようになると、前後に体を揺すったりして、平衡感覚をつかさどる前庭覚が刺激されます。

「飛行機ブーン」をしてみよう！

4～6か月

うつぶせになって頭を上げている赤ちゃんの肩甲骨の下あたりに、ママの両手の親指を当てて、上半身を少し上げましょう。慣れてきたら、徐々に腕から手首の方にママの手をずらしていきます。このとき、肘が曲がらないようにします。

チェック

うつぶせ状態で鈴を鳴らし、赤ちゃんが頭を上げるようにします。鈴を30cmほどの高さに掲げたとき、赤ちゃんが両手両足を上にあげて、おなかの部分だけで体を支えられるかをチェックします。

ポイント＆注意点

無理やりさせる必要はありませんが、赤ちゃんをママの上にうつぶせにして、ママが両手を左右に広げる模範をして見せたり、両腕・両足の屈伸体操をしたりしてから行うことで、できるようになりやすいです。

ピョンピョン運動

（6〜8か月）

ピョンピョン、ピョーン！
ジャンプ、ジャンプー!!
タテノリで
盛り上がるー!!（笑）

脚力を強化し、歩行に向けた準備運動となる

赤ちゃんをママのひざや床の上でジャンプさせるピョンピョン運動。膝を曲げ伸ばしする感覚が身につくとともに、脚力を強化し、立ったり歩いたりするための準備となる運動です。

ジャンプを繰り返すことで前庭覚も刺激され、バランス感覚が発達します。

「ピョンピョン運動」をさせてみよう！

6〜8か月

1. 赤ちゃんの両脇を持って、ママのひざの上でジャンプさせ、その後、床でもジャンプさせてみましょう。
2. 月齢が上がったら、向かい合わせだけではなく、後ろから脇にママの手を入れてのピョンピョン運動もさせてみます。

※応用ではありますが、9か月からはトランポリンを使ってのピョンピョン運動もおすすめです。

チェック

赤ちゃんの両足裏が床面につくか、ひざが柔軟に曲がるかをチェックします。

ポイント&注意点

最初はママが、上に引き上げたり、膝を曲げるように促したりして、ジャンプするタイミングを意識させるようにしましょう。徐々に赤ちゃん自身の意思と力でピョンピョンできるように取り組みます。

ハイハイ運動

(6〜10か月)

「やったー、
前に進めた!!
でも、あんまり動き回ると、
心配かな……?」

二足歩行へと向かうための大切なステップ

ずりばい、そしてハイハイは、赤ちゃんの世界がそれまでとは一変する重要な移動手段です。全身の筋肉を鍛え、二足歩行へと向かうための大切なステップです。興味のあるところへすぐに行けるようになり、自発的な学習が活発になります。

自分の位置や目標物との距離感もわかるようになりますし、ハイハイをしているときの目と手の間の長さは本を読むときの距離に匹敵し、就学後の学習に向けた基礎作りにもなります。ハイハイは思う存分させてあげましょう。

「ハイハイ運動」をさせてみようⅠ

6～8か月

ハイハイができ始めた赤ちゃんには、ハイハイをしてもらい、
手足の動かし方が左右対称かどうかを観察します。

ポイント＆注意点

最終的には赤ちゃんのつま先が立って、床面を指で蹴るような状態が理想的です。また、6か月ころのハイハイは、まだずりばい状態でも心配ありません。ずりばいとは、両手両足の力で体が持ち上がらず、胸やおなかが床についたままの移動を指します。

「ハイハイ運動」をさせてみようⅡ

8～10か月

8～10か月になると、上手にハイハイができるようになってきているころです。赤ちゃんが、長い距離をスピードアップして移動できているかを確認しましょう。

ポイント
&
注意点

どちらか片方の腕や足が、赤ちゃん自身の体を支えられていない場合は、マッサージや両手両足の屈伸運動をしたり、股関節の可動域を確認したりしてみましょう。

チェック

方向転換をチェック

1

おもちゃなどを見せ、腰をひねって回転し、方向を変えてハイハイできるかをチェック。その後、徐々に腕をクロスさせて、おもちゃを取りに向きを変えられるかをチェックします。

2

月齢が進むとともに、長い距離をハイハイさせてみましょう。途中で座ったりせずに、早く目的（おもちゃなど）にたどり着けるかをチェックします。

高ばい運動をチェック

ハイハイ運動が進んでくると両足裏を床面につけて足の後ろ側の筋肉を鍛える高ばいをするようになります。高ばいとは、肘とひざが伸びた状態の移動です。つま先が立って、しっかりと指で床面を蹴っているかをチェックします。もしできていなくても心配することはありませんが、傾斜の緩いすべり台や板などで意識的に高ばいをする機会を与えましょう。

はじめの一歩へ

(9～11か月)

お！
はじめての一歩！
ママー
えっ、見てなかった⁉

赤ちゃんは何度もトライして歩きだします

つかまり立ち、つたい歩きからはじめの一歩へ。ついに、ヒトとしての大きな節目に至ります。最初のうちは立ってもすぐに座り込んでしまったり、歩こうとしても転んでしまったり。でも、その失敗から学び、修正をかけながら、ついにはじめの一歩を踏み出すのです。人類はこの二足歩行により、両手が空き、手先が自由に使えるようになったので、壮大な文明を築き上げることができました。子どものこの一歩が、将来、歴史を塗り替える一歩へとつながっていくかもしれないのです。

つかまり立ち、つたい歩き、そして……

つかまり立ち

赤ちゃん用のイスを準備して、その上におもちゃを置きます。ハイハイしてそれを取りに来たら、片ひざ立ちで立たせましょう。片方の足を押さえて左右両方でできるようにします。

つたい歩き

最初はカニ歩きで移動しますが、繰り返していると、体重の移動方法を覚え、足をクロスして移動できるようになってきます。後ろに倒れてもいいようにクッションなどを置いておきましょう。

はじめの一歩へ

両足だけでバランスをとることができるようになると、支えなしで数秒間立つことができます。

「すごい！　一人で上手に立てたね」とほめてあげましょう。

自分の力だけで立つことに慣れてくると、歩行に移行していきますので、少しずつ長く立っていられるようにしましょう。

「姿勢反射」を確認しよう！

（6～10か月）

「おっとっと、傾くと勝手に手が出る、足が出る～」

無意識に手足が出るか要チェック

姿勢反射とは、体の姿勢やバランスの調整・維持をするための反射です。ここで確認するのは、体が急に傾いたときに、無意識に手足が出る「姿勢反射」の一種です。

　これは、赤ちゃんが二足歩行を始めたときに、バランスよく歩き、けがをしにくくなるためにも重要な反射といえます。

　これらの反射は、一般的には生後6か月ころより現れ始め、その後、一生持続します。これらの反射が出ているかを確認しましょう。

パラシュート反射

6～10か月

赤ちゃんをバランスボールに座位姿勢で乗せて、腰のあたりを持って落ちないように注意しながら、不意に前に倒してみます。このとき手が前に出るかどうかを見ます。これがパラシュート反射です。同様に左右や後ろも行いましょう。

※バランスボールを使わない方法／赤ちゃんを同じ方向（前方）を向かせて抱き、そのまま不意におじぎをさせるように上半身を下げます。そのときに、赤ちゃんが両腕を伸ばすかどうかを見ます。

ステッピング反射

赤ちゃんの脇の下を持って立たせた状態で体を大きく前に倒します。このとき、倒れないように左右どちらかの足を前に出すかどうかを見ます。これが、ステッピング反射です。

8～10か月

ボール遊び

(9〜11か月)

ボールころころ
キャッチ!
ママとの初めての
キャッチボールだね

手や腕の運動能力・操作性を高めます

「ボール遊び」は、転がるボールを受けたり、投げたりするトレーニングです。ボールを使って手や腕の運動能力・操作性を高めます。加えて、ボールの動きを見続けることは、目の力・記憶力を高めることにもつながります。

　また、別々の動きを1つにまとめる「目と手の協調運動」などができるようになる基礎作りになります。

　慣れてくると、ボールの速さ、距離、動きの違いに対応できるようになります。

「ボール遊び」をさせてみよう！

9〜11か月

1. 最初は赤ちゃんを座らせ、両足を広げた真ん中にゆっくりとボールを転がして遊びます。
2. 転がるボールが取れたら、ボールの材質や大きさを変化させてみましょう。
3. 月齢が上がってきたら、赤ちゃんにボールを転がさせたり、投げさせたりします。

チェック

1 赤ちゃんがボールをきちんと目で追えているかをチェック。

2 11か月ころになると、言葉と物・行動を関連付けて理解できるようになってきます。「ボールをぽーんして」など、ママの言葉に反応して、ボールを投げることができるかチェックしてみましょう。

ポイント＆注意点

ボールをキャッチする練習のときは、柔らかく弾みすぎないボールを赤ちゃんの正面に転がすようにしましょう。ボールの大きさを変えるのも、赤ちゃんにとってよい刺激となります。

Column

やり抜く力が育つ「努力ぼめ」

わが子が育つ姿はうれしいもの。無条件にほめてあげたくなりますよね。筑波大学の調査によると、ほめられて育った子どもは、ほめられなかった場合に比べ、1歳半時点で「社会能力※」が高く、その後もその差は埋まらなかったという報告があります。科学的に見ても、ほめるのはいいことのようですが、どのようなほめ方がいいのでしょうか。

学力に関する「ほめ方」の効果を調べた研究があります。

小学生を対象にしたコロンビア大学のクラウディア・ミューラー教授らの実験では、子どもたちにIQテストを受けてもらい、同じ平均点で2グループに分けました。テストの結果について、一方には「頭がいいね」と能力をほめるようにし、もう一方には「よく頑張ったね」と努力やプロセスをほめるようにしました。その後、同じ子どもたちを対象に、2回目にはかなり難しいIQテストを、3回目には1回目と同じ難易度のIQテストを受けさせました。

その結果、3回目のテストでは、能力をほめられた子どもたちが1回目より成績を落としたのに対し、努力をほめられた子どもたちは成績を伸ばしたのです。

これは、なぜでしょうか。能力をほめられた子どもたちは、2回目のテストで悪い成績を取ったときに、「自分には能力がないから努力しても無駄だ」と考え、やる気を失って努力をしなくなり、3回目で成績を落としたのです。一方、努力をほめられた子どもたちは、2回目で悪い成績を取ったときに、「努力が足りなかったせいだ」と考え、より一層努力をするようになり、3回目で成績が上がったのです。

この実験結果を受けて、ミューラー教授は「能力をほめることは、子どものやる気をむしばむ」と結論づけています。

「努力ぼめ」の多さで子どもの学力を上げる？

こういったさまざまな「ほめ方」に関する研究結果により、やる気とやり抜く力を高め、学力や運動能力の高い子に育てるには、能力・結果ではなく、「努力をほめ、継続・改善を促す」言葉かけをするといいことがわかっています。

また、シカゴ大学の研究では、「能力ぼめ」をするか、それとも「努力ぼめ」をするかといった、親が自分のほめ方のスタイルを確立させるのは、子どもが14か月になるまでであると報告しています。さらに3歳までの「努力ぼめ」の多さが、めぐりめぐって、小学2～4年のときの学力（算数と読解力の成績）によい影響を与えたという報告もあります。

「根拠のない自信」は、幼児期にしか身につかないという説もありますので、かわいいわが子を手放しでほめるのもいいことですが、親としては早いうちから、子どもに対して「努力ぼめ」を多くするように心がけるといいでしょう。

※「社会能力」とは「主体性」「応答性」「共感性」「運動制御」「感情制御」を指します。

第二章

心を育む

将来活躍するために、
欠かせないEQ力（非認知能力）。
このEQ力のベースである
「自信」を最も育みやすいのは、
赤ちゃん期です。
自信をしっかり育むことで、
これからの時代に、たくましく
活躍できる子が育ちます。

「心を育む」とは？

ＥＱＷＥＬチャイルドアカデミーでは、幼少期に身につけたい「５つのＥＱ力（非認知能力）」として、自己肯定感（自信）、やる気、共感力、自制心、やり抜く力を挙げています。これらは、さまざまな分野で活躍している卒業生たちが共通して身につけていた人間力です。

ノーベル経済学賞を受賞したアメリカ・シカゴ大学の経済学者ジェームズ・ヘックマン教授は、「子どもが成人後に成功するかどうかは、幼少期の介入の質に大きく影響され、成功の要因は、幼児教育によって高いＥＱ力が身についたかによる」と指摘しています。

ＥＱ力の中でも、日本人が低いといわれている自己肯定感は、赤ちゃん期に最も育まれやすいといわれています。

自己肯定感とは、自分を価値ある人間だと思える自分への信頼感のことで、カナダの心理学者であるアルバート・バンデューラが提唱している「自己効力感」（次頁参照）とともに、自信の大きな要素であるとされています。

赤ちゃん期から、ＥＱ力の土台である自己肯定感を育むのに大切なポイントは、親が心穏やかに、楽しく育児をすることです。

赤ちゃん期の育児は精神的にも体力的にも大変ですが、それを理由にイライラしながら育児をするか、もしくは、それを楽しんで心穏やかに育児をするかは、あなたに決定権があります。赤ちゃん期からＥＱ力がしっかりと育まれると、それが幼児期にＩＱ力（認知能力）を高める土壌となり、相乗効果をもたらしながら学習能力が伸びていきます。

このようにして自己肯定感（自信）がしっかりと育まれると、その上にやる気（集中力）と共感力の基礎が築かれます。

自信を持たせる!

子どもをたくましく育てるためには、「自信」を持たせることが大切です。自信とは、自分の能力や価値を確信すること(広辞苑)と定義されますが、それは、次の2つによって形づくられていきます。

「自己肯定感」

私は存在していてOK。認められ愛される価値があるという思いを持つこと。

「自己効力感」

私はできる、やればできる、きっとできる、といった思いを持つこと。

「自己肯定感」と「自己効力感」は、セットとなって子どもの「自信」を形成することになります。そこで重要となるポイントが、次頁より紹介する赤ちゃん期での接し方となります。

アタッチメントを知ろう

アタッチメント（愛着）は、子どもの発達においてとても大切です。アタッチメントは「特定の他者とくっつくこと」であり、イギリスの児童精神科医であるジョン・ボウルビィが提唱しました。適切なアタッチメントによって、子どもの心身は健やかに発達し、自信や養育者※への「基本的信頼の基礎」が育まれます。

ですので、赤ちゃん期には抱っこや愛撫《あいぶ》、肌の触れ合い、運動の働きかけなど、身体的な接触（くっつくこと）をすることが大きなポイントとなります。身体的な接触は、親子ともに「オキシトシン」というホルモンの分泌を促し、このホルモンは相手への信頼や愛情を高める、対人関係を円滑に進める、記憶や学習能力を高めるなどの働きを促します。

また、赤ちゃんマッサージ（タッチケア）も効果的で、生後3か月の赤ちゃんに家庭で6か月間のマッサージを行い、その前後の赤ちゃんの状態を比べたところ、赤ちゃんの認知・適応の能力や社会性が高まったという報告があります。

※「養育者」とは、家ではママやパパ、祖父母、園では先生など、信頼できる大人を指します。

アタッチメントのポイント

見守りと応答性を考えよう！

アタッチメントは、めばえてしまったネガティブ感情を安心できる人にくっつくことで調整しようという欲求を指し、生後6か月ころから2～3歳に多く見られます。この時期こそ、しっかりと触れ合いながら愛情を注ぐことが大切です。

赤ちゃんは不快を感じたり、何かしたいことがあると何らかのシグナル※を送りますが、それがないときは手を出さずに見守ってあげるようにします。赤ちゃんが自分一人で楽しくしているときは、好きにさせてあげるということです。

しかし、シグナルを送ってきたときには敏感に応えるようにしましょう。ただし、過敏な反応や過剰な欲求の先読みをするのは控えるようにします。落ち着きを失った親が過敏な反応をすると、赤ちゃんも落ち着きがなくなるからです。

また、赤ちゃんは不快な状況になって、シグナルを送り、

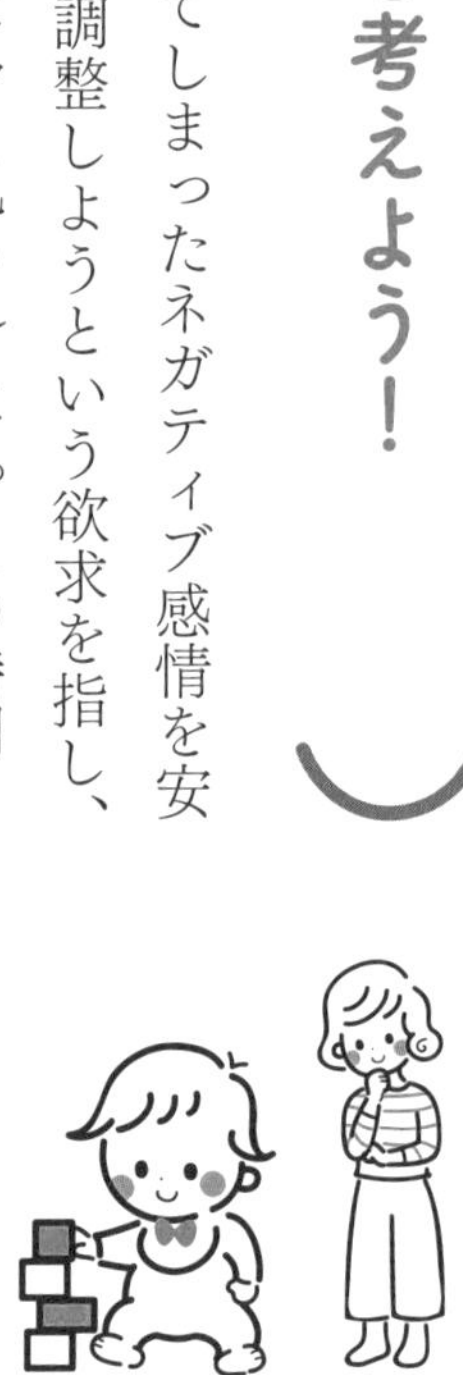

それに親が敏感に応え、その状況を抜け出せたときに、「自分が働きかければ問題を解決できる」という自己効力感と、「養育者は信頼できる」という信頼感を胸に刻み込みます。

過剰な欲求の先読みは、このチャンスを奪ってしまうことになります。先回りばかりする過保護な親のもとで育つと、子どもの自律性（自分で目標を決め、それに向かって自分で考え行動する）が育たず、大きくなってから嫌なことがあると何でも人のせいにする、自分を甘やかしてくれる人に対して依存的になる、中毒になりやすいなど、問題を起こしやすくなるといわれています。子どもの順調な発達は、バランスのいい接し方が成り立っているときに最も促進されます。こういった適切なアタッチメントを繰り返して、ネガティブ感情を立て直してもらえる経験が増えると、赤ちゃんの中に強い安心感が育ちます。自分の世界が広がって問題が出てきたとしても、いつでも落ち着いて問題を解決できるという自己効力感が育まれ、自律性が醸成されていくのです。

※この場合のシグナルとは、泣き笑い、視線・発語などの合図・しるし・兆候を指します。

赤ちゃんの共感力を高める方法

赤ちゃんが「アーーーー‼」と泣き出したら、ママは大慌て。特に第1子の赤ちゃんだと、おなか空いた？　おむつ？　眠い？　かゆい？　暑い？　それとも構ってほしいだけ⁇　さまざまな可能性が頭をよぎると思います。そこで、これだと思う対応をしますが、当たっていないと赤ちゃんは泣きやみません。ですが、実はそんなに慌てることはないようです。

さまざまな調査によると、赤ちゃんの欲求と親の対応が1回目で当たる確率は3～4割とのこと。ベテランママでも5割くらいだといいます。たとえ外れても、赤ちゃんは「親の少々の失敗は大目に見てくれる」そうです。ただし、これには条件があって、失敗後も試行錯誤して、最終的に赤ちゃんの欲求が満たされることが必要となります。この失敗修復の経験があると、赤ちゃんは「アピールを続ければ、最終的には問題が解決できる」と学び、自己効力感が高まります。

ですから、赤ちゃんが泣き始めても慌てることなく、落ち着いてゆったりと対応するようにしましょう。赤ちゃんが他人の感情を理解し、共感力を高めるためには、心身に危険がない程度には不快な経験も必要ですし、泣いてアピールするのも大切なことなので、「完璧ではなく、ほどほど」に接するくらいがちょうどいいのです。また、悠然と応じる親の姿を見て育てば、赤ちゃんも他人に対して悠然と対応できるようになることでしょう。

赤ちゃんは成長とともに、ほかの人が注意を向けている対象を理解したり、自分の注意している対象を示して、ほかの人と共有したりすることができるようになります。これは「共同注意」と呼ばれていて、大まかに3つの段階に分かれて発達していきます。生後6か月までには、大人の視線の大

まかな方向は特定できるようになりますが、正確な場所を特定することはまだできません。1歳ころまでには、視野内であれば、大人の視線の向きから対象のかなり正確な場所の特定ができるようになります。そして、1歳半ころには、背後などの視野外に対しても対象の場所がわかるようになります。最初のうちは受け手としての共同注意の方が先に出てきますが、それ以降に、出し手としての共同注意が出てきます。それが「指さし」で、発達的な変化が見られます。

①要求の指さし（10～12か月）

自分のほしいものがあるときに、その方向を指さして「あ、あ、あ」などと声を出して相手の顔を見ます。

②共感の指さし（1歳ころ）

興味を引くものを発見したり、面白いものを見つけて心引かれたりしたときに、相手の顔を見ながら指さしをして、「そうでしょ？」と確認してもらうようなしぐさをします。

③応答の指さし（1歳半ころ）

「○○はどれ？」などの他者の問いかけに対し、答えを示すときに使われます。

こういった子どもの共同注意に対して、大人側が視線を合わせようとしたり、ゆっくりと抑揚をつけて赤ちゃんに語りかけたりすると、共同注意が促進されることが確認されています。共同注意はコミュニケーションの基礎なので、意識的にたくさん行うと共感力が高まっていきます。

また、赤ちゃんが感じているであろう感情を「あらあら、寂しかったのね～」「気持ち悪かったのね～」などと代弁（言語化）することにより、赤ちゃんは心の理解を深め、共感性（共感力）が育まれていきます。

Column

「親の共感力」が、伸びる子どもを育てる

東大生の親は、96％が子どもの話をよく聞いたという調査結果があります。これは東大生が小学生時代を振り返り、「親は話をよく聞いてくれた」と答えたものです。ということは、大学生になっても憶えているくらいに、東大生の親は話をよく聞いたということです。ピカソやモーツァルト、チャップリンなど、偉人の母には「子どもを丸ごと受け止め、否定しなかった」というケースがたくさんありますが、親の共感力が高く、受容力が大きいと、伸びしろのある子どもになるのだと考えられます。

語りかけのコツ

（0か月〜）

「ママ〜、いつも笑顔で語りかけてくれて、すごく幸せ〜」

ポイント&注意点

赤ちゃんに働きかける機会はすべてインプットのチャンス。そのインプットの蓄積が、赤ちゃんの心を育み、知的能力や人格の形成に活かされます。まずは赤ちゃんの気持ちを代弁するように語ると、赤ちゃんの共感力を育むことにつながります。

語りかけで、自信と共感力を高める

語りかけのコツ

- スキンシップしながら
- 笑顔をベースに、表情豊かに
- 赤ちゃんの目を見て
- 名前を呼んでから

語りかけの例

1

授乳後、赤ちゃんの目を見て
「たくさん飲めたね。ごちそうさま」

2

おむつ替えの後に
「はい、気持ちよくなりました」

3

お風呂で
「体が温まってポカポカするね」

4

車のおもちゃを引っぱりながら
「ブーブー、よく見ているね」

楽しい子育て8か条

「毎日ママと一緒で
幸せだな〜。
いっぱい遊んでくれて
うれしいよ。
ママも楽しいよね」

キーワードは「うまくここちよく」

EQWELチャイルドアカデミーでは、子育てを楽しくしていただくために「うまくここちよく」という8文字をキーワードにした「楽しい子育て8か条」を提唱しています。

日々、育児や家事で忙しいママでも、この8つを心がけることによって、親子関係がよくなり、親子ともに「自己肯定感」が高まり、子どもの心と才能を豊かに引き出すことができます。

子どもの未来を明るくするためにも、しっかりと身につけて、日々、実践してください。

楽しい子育て8か条Ⅰ

「うまくここちよく」とは？（前半）

う　～ 生まれてきてくれたことに感謝する

出産時には子どもの誕生を、自然に感謝できたことと思います。その初心に返ることで、今の子どもの姿も丸ごと受け止められるようになります。

ま　～ 毎日の変化と成長を楽しむ

子どもは日々急激に変化し、成長しています。その過程で目についたことを叱るのではなく、ゆったりと子どもを見守り、成長を楽しみましょう。

く　～ 比べない

他人と比較してほめられても、ほめられなかったとしても、子どもは自己肯定できません。もし比べるのなら、その子自身の昔と今を比較しましょう。

こ　～ 心と体と脳をバランスよく育てる

心だけ、体だけ、頭だけを育てるのは不可能です。すべてはつながっています。これらをバランスよく育てると、将来的には伸びしろが広がります。

楽しい子育て8か条Ⅱ

「うまくここちよく」とは？（後半）

こ ～子どもの未来を明確にイメージする

子育てで大切なことは、未来をしっかりとイメージすることです。子どもの「今」の姿は途中経過であると考え、将来に希望を持って育てましょう。

ち ～ちょうどよい加減に関わる

過干渉でも、関わらなさすぎても、子育てはうまくいきません。自分でかたよっているかなと感じたら、ちょうどよい加減を目指しましょう。

よ ～良いところをいつもさがす

子どもの良いところが見つかれば、ほめたくなりますし、叱らなくても済みます。そこに目を向け続ければ、子どもの自己肯定感が高くなります。

く ～繰り返し愛を伝える

愛情を伝えるには、タイミングや伝え方などが重要です。一度だけでは伝わるものではないので、毎日繰り返し子どもに伝えるようにしましょう。

楽しい子育て8か条Ⅲ

否定しないで、伸びしろのある子に！

子どもを、心豊かに、グングン伸びるように育てるためには、赤ちゃんのころから、その存在を丸ごと受け止めて、「否定しない」ということが、とても大切になります。否定しなければ、赤ちゃんの心（EQ力：非認知能力）が育まれますので、十分に成長し、伸びしろがある子に育ちます。

また、親が8か条を心がけて、心穏やかに子育てすれば、赤ちゃんは安心感に包まれます。その安心感が心を育み、やる気と集中力を伸ばし、心と才能を豊かに育むのです。

伸びしろがある、心と才能の豊かな子に育ちます

第三章

頭を鍛える

成長してからの学習で
最も使われる、視覚と聴覚、
そして、手先。
視覚と聴覚をつかさどる脳部位は、
1歳までに発達のピークを迎えます。
手先の器用さの土台づくりも含め、
赤ちゃん期から頭を鍛えると、
やる気に満ちた、
学習能力の高い子に育つのです。

「頭（脳）を鍛える」とは？

将来の学習において、重要な役割を果たす視覚、聴覚、手、そして言語。赤ちゃんの「頭（脳）を鍛える」ためには、まず、これらの感覚を育てることが大切なポイントとなります。

赤ちゃんの触覚は妊娠7週ころから発達し、聴覚は妊娠28～30週ころには母親の声が判別でき、視覚は生後8か月ころには2m先ぐらいまではっきりと見えるようになります。

赤ちゃん期には触覚による学びが大切で、赤ちゃんは特に口で対象物を理解しようとします。口唇部は脳の感覚野の中でも大きな領域を占めていて、感じる力が強いからです。

また、周りの様子が見聞きできるようになると、一般的には5～6か月ころに興味・好奇心が湧いたものに対して手を伸ばしてつかもうとします。そして、それをつかんだり離したりする繰り返しの中で、目で見たものの形や距離感などの視覚情報と、手で触った触覚情報、触れたときに出た音などの聴覚情報とが一致していきます。

それぞれの感覚は個別に成長していきますが、人やモノを理解するときには、その触り心地だけよりも、見た目や音など、たくさんの感覚を組み合わせた方が、一つだけの感覚で捉えたときよりも、対象に対する確固とした理解をもたらすことができます。これは脳の発達を促進するためにとても有効な働きかけですので、子どもに何かを学ばせたいなら、さまざまな感覚に働きかけるようにしましょう。

この時期の言語環境は、その後の語彙《ごい》力や言語処理速度、学ぶ力、コミュニケーション能力、そして将来的にものごとを成し遂げ、成功する力などに大きな影響を与えます。ですから、赤ちゃん期より、目を見てたくさん話しかけたり、絵本を読んだりするなど、日々、豊富な言葉かけをするようにしましょう。

見る力を育てる／集中力カード

(0〜5か月)

え、なになに？
何か動いてる？
ママの目かな？
人の顔っぽいの、
見入っちゃうんだよね〜

目や首の動き、脳の発達を促します

脳への情報入力の8割以上を占めるといわれる「視覚」。赤ちゃんが大きくなって、学習の場で非常に重要になるのが「見る力」だといえます。

興味のあるものをじっと見つめる「凝視反射」も、目を動かして見る「追視反応」も、大脳が視覚をコントロールしだした証拠です。

「集中力カード」を使った目のトレーニングで、赤ちゃんの「見る力」を伸ばすとともに、首の動きや脳の発達を促しましょう。

赤ちゃんの視力

赤ちゃんの視力の発達はゆっくりで、3歳でやっと視力1.0になり、大人並みとなります。生まれてすぐは20cm先ぐらいまでしか見えず、2か月で50cm先ぐらい、ハイハイをする8か月でも2mぐらい先が見える程度です。従って、発達のステップに応じた取り組みが必要となります。

大人

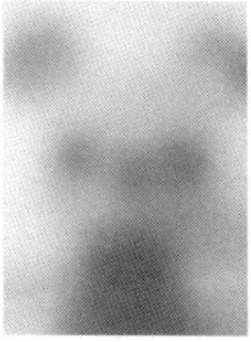

1か月

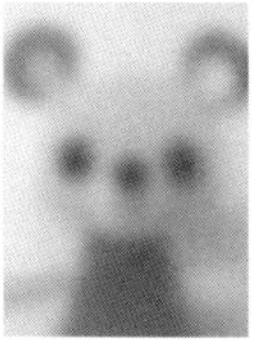

3か月

6か月

1歳

チェック

生まれてすぐの赤ちゃんは、コントラストのハッキリした対象物の場合は、それをジッと見つめます。従って、対象物を動かすことで首が動き、首すわりが早くなります。「集中力カード」を使い、目のまわりの筋肉を鍛え、両目で一つの物をとらえるようにさせ、見る力を養うとともに動体視力を培い、集中力を高めます。

※「集中力カード(5種類)」は日本赤ちゃん発育学研究所のホームページよりダウンロードできます。
https://www.eqwel.jp/babylabo/

「集中力カード」でトレーニングⅠ

0～1か月

1. 赤ちゃんの目の前20cmくらいのところで黒丸の集中力カードを見せます。じっと見つめるのを確認したあと、ゆっくりと左右どちらかに動かし、赤ちゃんの頭が動くかを見ます。

2. 赤ちゃんが見ない位置まできたら、元の位置に戻し、また見つめたら、先ほどとは反対側に動かします。

3. ストライプの縦、横のカードも同じようにします。

ポイント＆注意点

1か月を過ぎるころには、ぼんやりと周囲のものが見えるようになっています。ママの気配を感じたり、近距離ならママの顔も見えるようになってきたりします。近い位置から目を見て、話しかけるようにしましょう。

「集中力カード」でトレーニングⅡ

2か月

1. あお向け、うつぶせの状態で、
集中力カードを左右・上下・前後に動かしてみます。

2. ママが手でおもちゃやボールなどをゆっくりと動かして、
どこまで見ながら、頭部を回せるかを確認します。

3. 積み木などを30cmぐらい離れたところから赤ちゃんに
近づけていって、寄り目（輻輳《ふくそう》）ができるか見てみましょう。
眼筋のトレーニングにもなります。

ポイント&注意点

このころの赤ちゃんは、動きのあるものを目で追う傾向があります。目で追わない場合は、もう少し近くで行うか、速さを変えるかなどして、興味を引きながら行ってみましょう。

「集中力カード」でトレーニングⅢ

3～4か月

1. 180度の追視が可能になっているかを確認します。
上下・左右・遠近の追視もしてみましょう。

2. あお向け・うつぶせ・お座りなどと姿勢を変えて
行ってみましょう。

3. 集中力カードやボールなど、さまざまなおもちゃを使って、
だんだん速く動かしても追視するかを見ましょう。

ポイント&注意点

ひもが付いたおもちゃなどを動かして、追視の状態を確認します。さまざまな姿勢で、どこまで目で追えるかを観察しましょう。見せたカードに手を伸ばしたら、触らせて、どのように能動的に反応するかを見届けましょう。

おもちゃの追視

5か月

1. ひもを引っぱると動くおもちゃを、
赤ちゃんの目の前で動かします。

2. はじめはゆっくりと動かし、
少しずつ速く動かしていきます。

3. あお向け・うつぶせ・お座りなどと姿勢を変えて
行ってみましょう。

ポイント&注意点

この遊びを何度もするうちに、何が何でもおもちゃに触りたいという気持ちが高まって、手が動き、体を回転させることにつながっていきます。赤ちゃんが飽きない程度に、少しずつ興味を引きながら遊んであげましょう。

※6か月以降も集中力カードやおもちゃを使い、さまざまな姿勢で180度以上追視できるようにトレーニングしましょう（1歳ころまで）。

聞く力を育てる／たたいて遊び

(0〜5か月)

「あれっ？　どこで鳴ってるのかな？　ステキな音色……。音楽っていいな〜」

脳の聴覚野を刺激して「聞く力」を育てる

　赤ちゃんへの聴覚のトレーニングは、生後すぐから始めてかまいません。というのも、聴覚は視覚より早くから発達しますので、おなかの中にいるころから、赤ちゃんはママの声が判別できるくらい、かなりの音が聞こえているからです。

　赤ちゃんには、さまざまな音を聞かせて、脳の聴覚野を刺激することが大切です。それによって、「聞く力」を育てましょう。

聞く力を育てるⅠ

0～1か月

さまざまな方向から、鈴やトライアングルなどの音を聞かせ、
反応を観察しましょう。

※ここでは赤ちゃんの聴覚を刺激して、聴覚野への回路をつくります。
※ハンドベルなどを使う場合は、高い「ラ」の音に、赤ちゃんは最も興味を示します。赤ちゃんの産声も、高い「ラ」の音だといわれています。

ポイント&注意点

音が鳴ってもその方向を目で確認しようとはしませんが、なるべく、赤ちゃんの顔のそばで、高周波音を聞かせてあげましょう。高周波音は生の楽器音や自然界の風音、水の流れる音や鳥の鳴き声などに多く含まれています。

聞く力を育てるⅡ

2～3か月

シェーカーなどの音が出るものを見せてから、振って音を出し、その後ゆっくりと移動させて赤ちゃんが目で確認する様子を観察します。

※聞く力を育てます。さまざまな音を聞かせることで、脳の聴覚野を刺激します。
※トライアングルなどを鳴らしてもよいでしょう。また、クラシックなどの音楽を決まった時間に流してみるのも有効です。

ポイント&注意点

家に楽器がない場合は、唇をふるわせたり、舌をレロレロしたりして出す音や、口笛や指を鳴らす音、缶を打ち鳴らす・輪ゴムをはじく・水を入れたペットボトルを揺らすといった音を聞かせてあげるのもいいでしょう。

聞く力を育てるⅢ

4～5か月

ガラガラなどを赤ちゃんが見ていないところで鳴らしてみて、
その方向を目で確認しようとするかを見ましょう。

※音がする方向をきちんととらえて、目で確認するようになれば、目と耳の協調性ができていることになります。
※音の鳴るおもちゃは、まず、赤ちゃんが見ていないところで鳴らしてみて、そちらを向かない場合は、見える位置に持っていって鳴らし、興味を持たせてから、もう一度見えないところで鳴らします。そのときの目や顔の表情を見逃さないように注意しましょう。

ポイント&注意点

異なる音を聞かせたり、音の大きさを変えるなどの工夫をしましょう。遊びとして楽しみながら、赤ちゃんが目で音源を確認できたときは、ほめてあげましょう。

「しゃかしゃか遊び」をしてみよう

4か月

ガラガラなど、赤ちゃんが触ると音が鳴るものを使って、
自らの働きかけで音を出すような遊びをさせます。

※自らの行動によって、さまざまな音を出して楽しめるようにします。
※興味を示さない場合は、周りからの働きかけが足りないかもしれません。たくさん語りかけたり、さまざまな音を聞かせたりしましょう。

ポイント&注意点

赤ちゃんは、音が鳴るものに興味を示し、それを目でとらえたあとに触ろうとします。この時期は、好奇心が高まるころですので、できるだけたくさんの音を聞かせて、触らせてあげましょう。

「たたいて遊び」をしてみよう

5か月

タンバリンや箱、お菓子の空き缶やプラスチック容器などを、
うつぶせ姿勢でたたかせます。お座りでも遊べるかを見ましょう。

※視覚と聴覚と触覚を同時に使って、一つのことをします。3つの感覚を統合していく遊びです。形状・感触・大きさなどの違いを確かめることは、今後はじめて見たものの特性を予測する基礎になります。

ポイント&注意点

赤ちゃんが自分でたたかない場合は、ママがたたいているところを見せたり、たたくように手を導きましょう。

※6か月以降もたたいたり振ったりすると音が出るものを触らせてあげたり、さまざまな材質の音を聞かせたりしましょう（1歳ころまで）。

言葉力を鍛える／3000万語の格差

（0か月〜）

大きくなったら、
パイロッーになって、
世界中を飛び回る。
お医者さんになって、
病気の人を助ける。
夢いっぱいの
未来が待ってるよ

言葉かけの質と量で、子どもの将来が変わる

生まれてから3歳までに、親にどれだけ温かい言葉を数多くかけられてきたかが、子どもの将来的な学力や語彙力、信念に大きな影響を及ぼすことが、科学調査でわかりました。さらに、家庭によって3歳までに聞く言葉の数に圧倒的な差があり、積算すると、最大約3000万語の差があるというのです。

また、言葉かけの質の違いを見ると、「肯定・応援※」の言葉と「否定・禁止※」の言葉で差が生まれ、それが、子どもが将来的に成功する力に影響を与えていると考えられています。

※肯定・応援とは「よくできたね！」、否定・禁止とは「ダメな子」など。

3000万語の格差

格差その1 ～ 生後から3歳に聞く言葉の量（数）

- 言葉かけ数が多い家庭の子ども＝4500万語（総計）
- 言葉かけ数が少ない家庭の子ども＝1300万語（総計）

その差は3200万語で、約3倍の開き

→ **これらが、子どもの3歳時点のIQや将来の学力などに影響を与える**

格差その2 ～ 言葉の質（内容）の違い

- 言葉かけレベルが高い家庭の子ども

「肯定・応援」の言葉　66万回：10万回　「否定・禁止」の言葉

「肯定・応援」の言葉を約6倍かけている

- 言葉かけレベルが低い家庭の子ども

「肯定・応援」の言葉　10万回：22万回　「否定・禁止」の言葉

「否定・禁止」の言葉を約2倍かけている

→ **自己肯定感やものごとのとらえ方、考え方にも影響が出ると考えられる**

言葉かけ実践編 〜3つのT〜

シカゴ大学医科大学院の小児外科医である
ダナ・サスキンド教授は、言葉かけの方法として
3つの「T」を掲げ、これらを実践することにより、
子どもの脳が発達するとしています。

3つのTとは？

1. チューン・イン “Tune In”　子どもに寄り添う

2. トーク・モア “Talk More”　たくさん話す

3. テイク・ターンズ “Take Turns”　交互に話す

① チューン・イン（子どもに寄り添う）

「チューン・イン」とは、子どもの興味に寄り添い、その対象について一緒に話す（遊ぶ）ことです。脳科学的には、「子どもが集中している世界で保護者が一緒に遊ぶと、短い時間でも脳の発達に役立つ」「たいして興味がないものに注意を向け変えるエネルギーがいらない」といったメリットがあります。

子どもにとって好ましい活動であっても、興味がない活動のときは、そこで使われている言葉を学ばない傾向があります。

また、子どもの将来の健康や幸福は、母親の反応性と結びついていることもわかっています。まずは、子どもが興味を示していることに親が反応することがいちばんのポイントとなります。

たとえば、子どもがブロック遊びに夢中になっているときに、一緒に絵本を読まない？と誘っても注意を向けられません。まずは夢中になっているブロック遊びに一緒に取り組むと、子どもは「親が一緒に遊んでくれるのは、私が素晴らしいことをしているからだ」とやる気と集中力を高め、新たなアイデアが湧くようになり、さまざまな能力が高まります。

そして、しばらく一緒に遊んだあとに、「次は、今、ブロックで作っている車の本を読もうか」と誘うと、子どもはやる気と集中力を保ったまま、親がしてあげたかった絵本読みに参加してくれます。

② トーク・モア（たくさん話す）

これは、読んで字のごとく「たくさん話すこと」です。子どもと話す言葉を増やすのですが、「チューン・イン」と組み合わせて、子どもが集中していることに対して、多様な言葉をたくさん話すことがポイントとなります。また、次の「テイク・ターンズ」とも関わりますが、双方向のコミュニケーションがカギで、「子どもに話す」のではなく、「子どもと話す」ように心がけます。子どもとたくさん話す方法としては、以下のようなことが挙げられます。

- **ナレーション〜** 親（自分）がしていることを実況中継する。
- **並行トーク〜** 子どもがしていることを親が実況中継する。
- **「こそあど」を除く〜**これ・それ・あれといった代名詞を使わず、コップ・机・ボールといった具体的な名詞を使う。

- **ふくらまし、伸ばし、足場をつくる〜** 子どもが1つの単語を話したら親は2語、子どもが2〜3の言葉を話したら親は短めの話をするなど、常に、子どもの1〜2歩先のコミュニケーションを返す。
- **今ここ以外の話をする〜** 子どもが3歳以上になったら、「日曜日には公園へ行ってすべり台で遊ぼう」「クリスマスには何がほしいかな？」というように、今ここではなく、想像（イメージ）することが必要な会話をします。

③ テイク・ターンズ（交互に話す）

これは、子どもを対話のやりとりに引き込んでいく方法のことで、3つの「T」の中でいちばん大切なポイントとなります。

赤ちゃんは2か月ころからクーイング（「クックーッ」と、のどから出るような声を出すこと）が始まりますが、親がまねて返事をするなど、やりとりをする中で、交互に話すことを学んでいきます。そうすることで、赤ちゃんの脳発達が促進され、アタッチメント（愛着）が深まります。

また、言葉が出始めたら、子どもが反応するまで「待つ」のがポイントです。呼びかけたり、質問をしたりしたときに、子どもが返事（反応）をするまで待つ、ということです。

さらに、年齢が上がるとともにオススメなのは、「開かれた質問」を増やすことです。「開かれた質問」とは、「どうする？」「なぜ？」というような、ひと言では答えられない質問のことです。「何？」という質問や、「はい」「いいえ」で答える質問だと1語の返事で会話が終わってしまう可能性があります。

しかし、「開かれた質問」をすると文章で答えることになり、話す言葉の数が増えます。実際に言葉かけレベルが高い家庭では一度発話があると、その後、親の「おまけの話」が続いたり、子どもとの受け答えが続く「会話の社交ダンス」があったりして、話す言葉の数が多いことがわかっています。

スマホ育児にも要注意！

シカゴ大学医科大学院のダナ・サスキンド教授は、実はもう一つ、4つめ目の「T」といえるものを提唱しています。

それは、デジタル機器のスイッチを切ることを意味する「ターン・オフ“Turn Off”」です。これは、親がデジタル機器に夢中になると子どもの興味に気づかず、話しかけることや言葉のやりとりも生まれず、前述した「3つのT」が実践できなくなるからです。

近年、育児をするママのスマホ所有率が90％を超え、親がデジタル機器なしでは生きていけない時代となっています。スマホやTVに気を取られるあまりに、子どもがグングン伸びる時期に十分な関わりを持てないことは、もったいないどころか大きな損失であるといえます。

米国小児科学会は、デジタル

機器と乳幼児発育の関係を調べた研究をもとに、育児におけるTV・スマホ・PCなどスクリーンのある電子機器の利用について次のように提唱しています。

- 1歳半未満ではビデオチャット以外の電子機器使用は控える。
- 1歳半〜2歳には、良質なものを親が選んで一緒に見る。
- 2〜5歳でも最大1日1時間。親も内容を把握する。
- 食事・ドライブ・寝る直前などは電子機器の使用を控える。
- 子どもがスマホを持つ前に、親が使い方のお手本を見せる。

ぜひ参考にしたいものです。

絵本の読み聞かせのすすめ

　EQWELチャイルドアカデミーでは言語能力のみならず、イメージ力やコミュニケーション能力を高め、子どもの世界を広げる効果的な取り組みとして、胎児期・赤ちゃん期からの「絵本の読み聞かせ」を推奨しています。早くから「絵本の読み聞かせ」をすることで、言語能力に優れた本好きな子に育ちます。

　実際に東大生のママたちの8割以上が0歳（35%が生後3か月末満）から絵本の読み聞かせを始め、「ほとんど毎日」読み聞かせをしていた家庭も約7割で、一般家庭に比べ約2割多かったという調査結果があります。また、小学生になっても本の読み聞かせを続けていた家庭が多かったとのこと。

　できるだけ早くから、たくさん「絵本の読み聞かせ」をしてあげましょう。

リーチング遊び

（4〜6か月）

「あ、おもちゃだー！
手が届きそうなのに……。
あ、つかめたー!!」

筋肉のバランスや指先が使えるように！

手が届きそうなところで興味のあるおもちゃを見せると、一生懸命に触ろうと手を伸ばします。この、見たものに手が伸びる動作をリーチングといいます。リーチングを繰り返すと、目でとらえた物に対して、腕を伸ばしたり曲げたりする筋肉のバランスや、関節を曲げる角度などを学習します。

最初のうちは、目標に向かう動きが曲線的ですが、繰り返すことで、目標に対して直線的に、効率よく腕を伸ばせるようになります。

あお向け&うつぶせ

あお向け

あお向けの状態で、赤ちゃんのミドルラインあたりにおもちゃを持っていきます。手を伸ばしてつかもうとするかを確認しましょう。左右とも行います。

うつぶせ

手を伸ばせば取れるあたりにおもちゃを置くと、どのぐらいの距離・位置なら興味を示しますか？　いろいろな場所に置いて、その様子を観察しましょう。

ポイント&注意点

赤ちゃんはまず物を「見る」ことから、さまざまな動きを覚え、興味を持って、はじめて触りたいという感情が生まれ、手を伸ばすようになります。最終的には体を回転させれば取れるか、取れないかぐらいのところにおもちゃを置くことで、ずりばいやハイハイなど、次の運動や姿勢を獲得するようになっていきます。

Column

赤ちゃんには「言語学習教材」だけでは効果がない!?

　生後6か月ころまでは、日本語環境で育つ赤ちゃんも、英語環境で育つ赤ちゃんも、LとRの発音を聞き分ける能力に差はありません。しかし、生後12か月ころには、アメリカの子どもと日本の子どもの間には明らかな差が出てきます。すなわち、この時期に言語の聞き分け能力が、よく耳にする言語に特化していくということです。

　この聞き分け能力について、ワシントン大学の心理学者・パトリシア・クール教授は、適切な時期に言語のオーディオやビデオを使用したら、それらの音を聞き分ける言語能力の低下を食い止めることができるかを調べる実験をしました。

　英語環境で育つ9か月の赤ちゃんを、

①中国語のオーディオを聞かせる
②中国語のビデオを見せる
③中国人のお姉さんと遊ぶ
④中国語に触れさせることをしない

　という4つのグループに分けて、週に数回30分ずつそれぞれの条件で過ごしてもらいました。

　すると③の場合は、中国語環境で育つ赤ちゃんたちと同じくらいの聞き分け能力を保ちましたが、①と②の場合は、④の赤ちゃんたちの聞き分け能力と同じでした。すなわち、オーディオやビデオでは聞き分け能力の維持にほとんど効果がなかったということです。

　この結果から、生身のお姉さんとのやりとりこそ、赤ちゃんにとっては意味があり、学習に値する状況であったことがわかります。つまり、赤ちゃん期に自然に言語を学習していくためには、誰かと楽しくやりとりをする必要があり、それによって赤ちゃんは、聞こえてくる音を、言語の音として学習していくということです。

ＥＱＷＥＬチャイルドアカデミーでは、こうした研究報告を参考にして、生身の人間（講師・保護者）による語りかけを重視しています。英語コースのレッスンではオールイングリッシュでの子どもとのやりとりに加え、保護者から子どもへの英語学習の促し方（働きかけ方）をお伝えしています。

また、家庭用補助教材として、ＣＤ（オーディオ）の提供もしますが、それを通じて保護者が自宅でも子どもと一緒に英語を発声する（絵本を読んだり、歌を歌ったりする）など、レッスンの延長線上となる英語学習環境を設けるために活用しています。これによってレッスンと家庭における英語学習の相乗効果が生まれ、子どもが大きくなってから、より質の高いアウトプットができるようになり、英語力がメキメキ身につくようになるのです。

エピローグ／赤育研が目指す未来

想像してみてください。赤育本を手に取り、忙しいさなかに取り組みにいそしんだ赤ちゃん期。その赤ちゃん期から瞬く間に時は過ぎ、晴れて迎えた卒園式。ここまで元気に育ってくれたことだけで、感激もひとしお。そんな思いで胸いっぱいに見守った卒園式後、子どもから一通の手紙を手渡されました。

「ママとパパへ。いつもありがとう。ママとパパのおかげで、まい日、げんきにたのしくしてるよ。小がっこうもたのしみです。ママとパパのこどもにうまれて、よかったです。これからもよろしくね」

思わず目頭が潤みます。運動能力が高く、好奇心旺盛で学び好き。周りの子どもたちにも優しく、素直でやり抜く力も高い。そんなわが子の晴れ姿を見ながら、思い返したのは赤ちゃんだった日々。あのころに、できるだけのことをしてあげたのがよかったのかしら……。

「お手紙、ありがとね。さぁ、一緒におうちに帰りましょう」

笑顔でほほ笑みかけ、手をつないで一緒に家路につきました。

エピローグ

大切な赤ちゃんとこんな日を迎えたいと思いませんか？　そのためには、この本で得た知識を「知っている」から「〝実践〟している」に変えることが肝心です。無理のないレベルで取り入れて、赤ちゃんの体と心と頭（脳）がすくすくと健やかに成長し、心も才能も知恵も豊かで、将来が楽しみな頼もしい子どもへと育っていってくだされば、それに勝る喜びはございません。

最後に、赤育研の活動に協力してくださったＥＱＷＥＬチャイルドアカデミーの生徒・保護者・卒業生の皆さま、先生方、本書の制作にあたりご尽力いただいたプレジデント社の金久保 徹さんとスタッフの皆さまに深く感謝申し上げます。本書にご縁のあったすべての子どもたちが将来たくましく幸せに活躍し、よりよいステキな世の中をつくっていかれることを祈りつつ、筆を置かせていただきます。

２０２０年２月　浦谷裕樹

コース紹介

胎教コース

最新の研究に基づくメソッドで、
おなかの赤ちゃんとコミュニケーション

対象▶妊娠5か月以降の妊婦（安定期に入っている方）

レッスン▶50分　**回数**▶4回修了

Happy Babyコース

天才脳を育てるための、具体的な取り組みを学びます

対象▶生後0～5か月（どの月齢からでもスタートできます）

レッスン▶50分＋課題説明　**回数**▶月1回

幼児コース

目覚める無限の可能性！「好奇心」を「やる気」に変えるレッスン

対象▶0～6歳　**レッスン**▶50分　**回数**▶年間43回

0-1歳クラス、1-2歳クラス、2-3歳クラス、年少クラス、年中クラス、年長クラス

※小学生のコースもございます。詳しくは公式サイトをご覧ください。

幼児英語コース

英語が聞き取れ、話せる力を育てるバイリンガルへの最短コース

対象▶0～6歳　**レッスン**▶40分　**回数**▶年間43回

※小学生英語のコースもございます。詳しくは公式サイトをご覧ください。

EQWEL チャイルドアカデミー

EQWEL《イクウェル》チャイルドアカデミーのご紹介

脳を鍛え、心を育み、想いをカタチに。

「活きる力」を最大限に引き出すＥＱＷＥＬ独自のメソッド

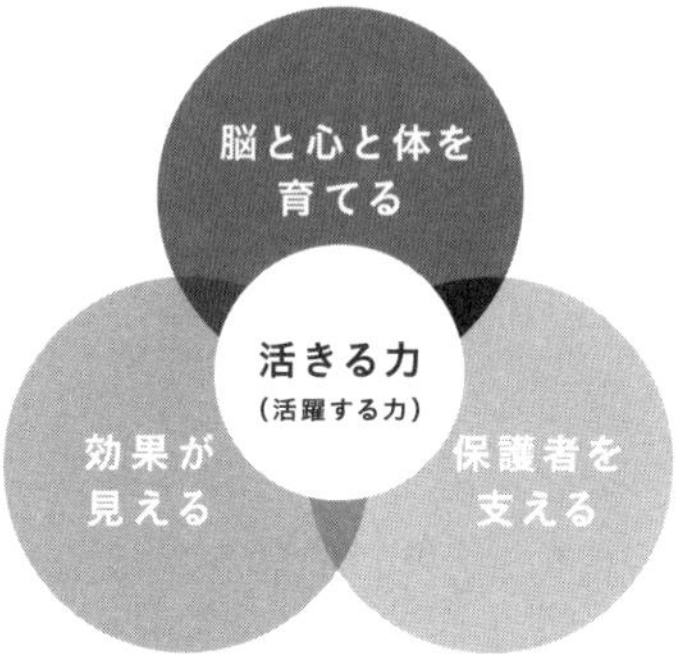

「活きる力」とは
能力を伸ばし、
活かし、活躍する力。
脳を鍛え、心を育み、
想いをカタチにするメソッド。
30年以上にわたり
培ってきた進化しつづける
教育法で、子どもたちの
活きる力を最大限に
引き出します。

株式会社EQWEL

大阪本社　〒543-0053　大阪府大阪市天王寺区北河堀町3-15
TEL：06-6776-4141

北海道本部　〒060-0809　北海道札幌市北区北9条西4-10-3　ガレリアビル5F
TEL：011-708-1025

東京本部　〒171-0022　東京都豊島区南池袋3-13-8　ホウエイビル4F
TEL：03-6903-1711

中部本部　〒500-8429　岐阜県岐阜市加納清水町3-8-1　日本泉ビル2F-A
TEL：058-275-3565

大阪本部　〒543-0053　大阪府大阪市天王寺区北河堀町3-15
TEL：06-6776-4428

九州本部　〒810-0001　福岡県福岡市中央区天神3-16-19　G-ONE TENJIN BLD.2F
TEL：092-712-7677

沖縄本部　〒900-0006　沖縄県那覇市おもろまち4-14-1　キャリアエステートビル1F
TEL：098-866-7001

【参考文献】

- 『子どもの未来が輝く「EQ力」』 浦谷裕樹 [著] (プレジデント社) 2018年
- 『発達を学ぶ』 森岡 周 [著] (協同医書出版社) 2015年
- 『赤ちゃんの「脳」がわかる育児BOOK』 榊原洋一、小西行郎、開一夫、小林美由紀 [監修] (成美堂出版) 2009年
- 『0歳からの脳トレーニング』 国分義行、稲垣 武 [著] (二見書房) 2005年
- 『赤ちゃんの運動能力をどう優秀にするか』 グレン・ドーマン、ブルース・ヘイギー、ダグラス・ドーマン [著] 人間能力開発研究所 [監修] 前野律 [翻訳] (ドーマン研究所) 2000年
- 『0歳からの子育て』 サンドラ・アーモット、サム・ワン [著] 開一夫 [監訳] プレシ南日子 [翻訳] (東洋経済新報社) 2012年
- 『乳幼児のための脳科学』 小泉英明 [編著] 多賀厳太郎、安藤寿康、安梅勅江 [著] (発行 フリーダム、発売 かもがわ出版) 2010年
- 『「学力」の経済学』 中室牧子 [著] (ディスカヴァー・トゥエンティワン) 2015年
- 『3000万語の格差』 ダナ・サスキンド [著] 掛札逸美 [訳] 高山静子 [解説] (明石書房) 2018年
- 『赤ちゃんの発達とアタッチメント』 遠藤利彦 [著] (ひとなる書房) 2017年
- 『子供の「脳」は肌にある』 山口創 [著] (光文社新書) 2004年
- 『赤ちゃん学で理解する乳児の発達と保育 第3巻』 小椋たみ子、遠藤利彦、乙部貴幸 [著] 一般社団法人 日本赤ちゃん学協会 [編集] (中央法規) 2019年
- 「プレジデントファミリー 2016年秋号」 (プレジデント社) 2016年
- 『子育てしない子育て』 小林正観、中村多恵子 [著] (大和書房) 2019年
- 『ヒトの発達の謎を解く』 明和政子 [著] (ちくま新書) 2019年
- 『まねが育むヒトの心』 明和政子 [著] (岩波ジュニア新書) 2012年
- 「プレジデントベイビー 2019完全保存版」 (プレジデント社) 2019年
- 『赤ちゃんはことばをどう学ぶのか』 針生悦子 [著] (中公新書ラクレ) 2019年

「赤《あか》育《いく》本《ぼん》」

2020年2月14日 第1刷発行

著　者　浦谷裕樹
発行者　長坂嘉昭
発行所　株式会社プレジデント社
〒102-8641
東京都千代田区平河町2-16-1 平河町森タワー13階
https://www.president.co.jp/　https://presidentstore.jp/
電話 編集03-3237-3733　販売 03-3237-3731
販　売　桂木栄一、高橋 徹、川井田美景、森田 巌、末吉秀樹

イラスト　立花章子、EQWEL制作チーム
デザイン　キトミズデザイン
校　正　株式会社ヴェリタ
制　作　関 結香
編　集　金久保 徹

印刷・製本　大日本印刷株式会社

ISBN 978-4-8334-5152-9
Printed in Japan